NINA'S BIRTHDAY

Maalinta Dhalashada Ee Nina

English-Somali

Ajit Vachhani

Vachhani, Ajit
Nina's Birthday
Dual language children's book

Illustrator : Binay Sinha

Somali Translator : Mohammad Hassan

ISBN : 81-7650-288-X

Published in India for
STAR BOOKS
55. Warren Street,
London W1T 5NW (UK)
Email : indbooks@spduk.fsnet.co.uk

by
Star Publishers Distributors
New Delhi 110002 (India)

Peacock Series
First Edition : 2007

Printed at : Public Printing (Delhi) Service

That morning, Nina got up very early. She was very excited. It was her birthday today.

Maalin ayaa Nina kacday subax aroor ah. Aad ayay u farax sanayd. Waxay ahad malinta dhalashadeeda.

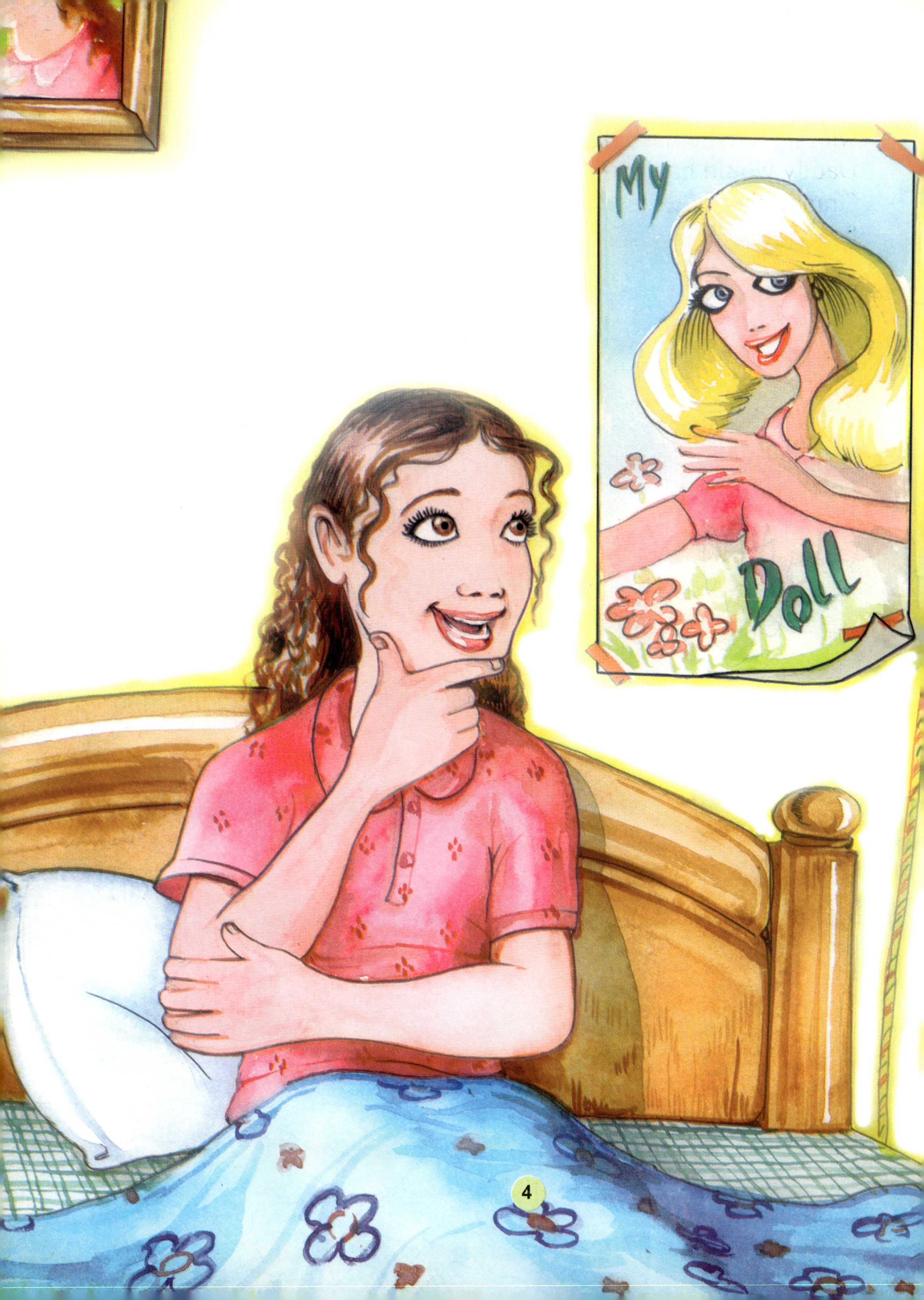
My
Doll

She sat up in bed, and said to herself, "Mummy would be waiting to take me in her arms and wish me Happy Birthday. And Daddy would have got the bicycle that I wanted. What present will Grandfather buy me? I am sure Grandmother will be baking my favourite sponge cake today!"

Sariirteeda ayay ku fadhisay. Waxay isku tiri. Hooyo ayaa hab isiinayso oo. Xabad I saari iinana hambalyee neeso malintayda dhalashada. Aabana baashkuleeti ayuu isoo gadi. Awoowana tolow muxuu isoo gadi. Waxaa hubaal ah in ayeeyo ay doolshadii aan jeclaa in ay ii sameeneso.

It was her special day, and she thought everyone at home would be eagerly waiting for her to get up. She quickly got ready, and wore her best dress. She was looking like a pretty doll. Excitedly, she ran down the stairs.

Waxay ahayd maalinteda maalmaha ugu qiimo badan. Waxay mooday qof waliba oo guriga jooga in. Sugayaaninay kacdo. Si dhaqso ah ayay dharkeedii ugu fiicnaa u xiratay. Waxaad mooda caruusad aad u qurux badan. Ayadoo farax san ayaay jaran jarta ka dhaa dhacday.

7

8

Mummy was in her room, setting some clothes. She heard Nina's footsteps and immediately said, "Nina, go and have your breakfast. After that you must clean up your room." Nina waited for some time, but Mummy kept doing her work, and did not greet her.

Hooyo qolka ayay ku jirtayn oo dhakeeda ayay hagaa jineesaaa. Waxay maqashay in Nina soo socoto si dhaqsi ah ayay. Waxay ku tiri nina orod quraaco oo kadibna qolkaaga. Hagaaji Nina ayaa xoogay joogtay. Hooyadeedna hoowsheeda. Ayay qabsanaysay. Oo ma aysan salaamin.

Nina was disappointed. 'Has Mummy forgotten my birthday?' she thought. 'Maybe she will remember after some time.' Then she ran into her father's study.

Nina ayaa niyad jabtay. Hooyo miyay iloowday maalintayda dhalashada. Waxay mooday in cabaar kadib ay xasuusan doonto. Waxay ku carartay abahayd.

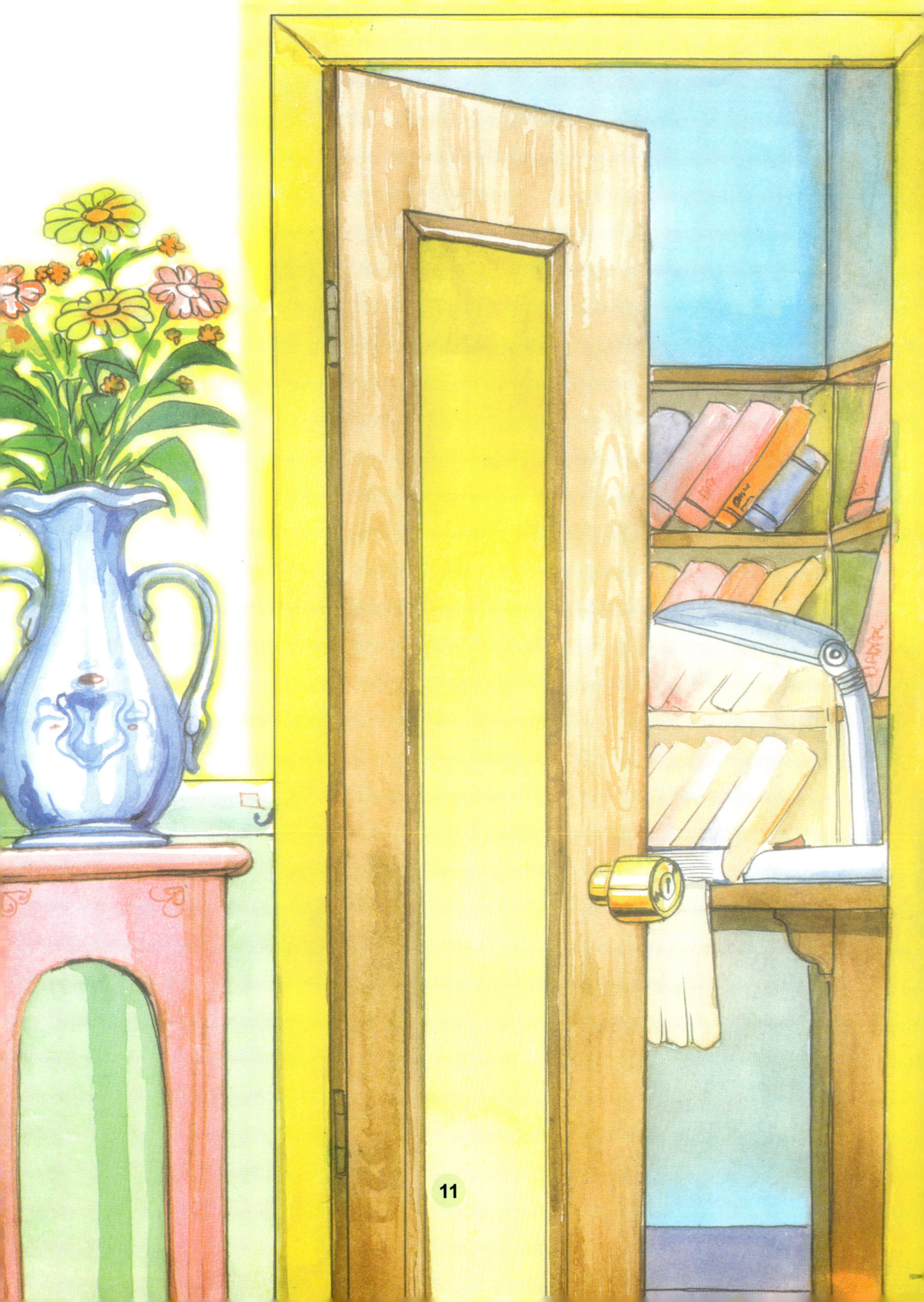

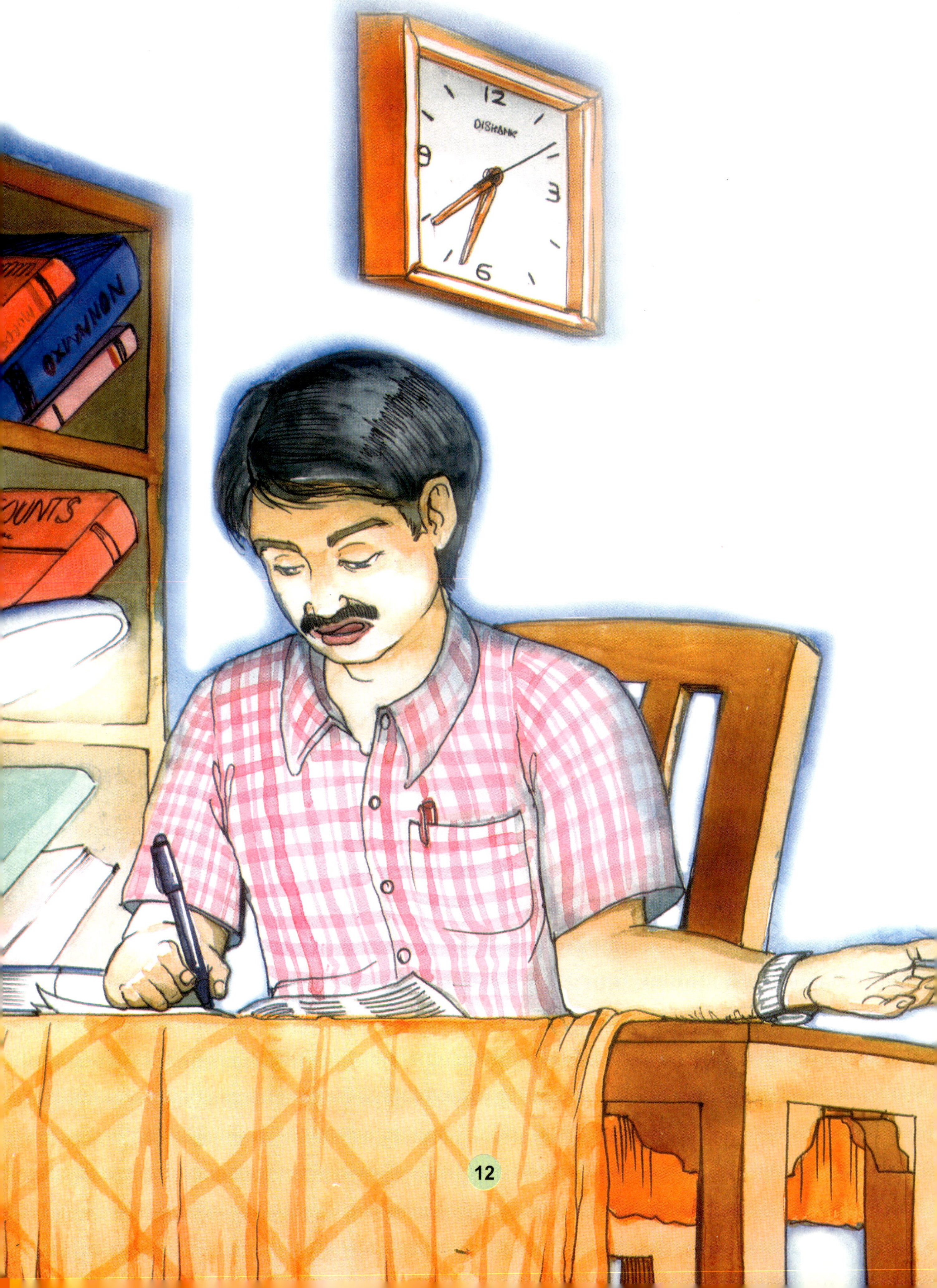
DISHANK

Daddy was sitting on his desk and doing some office work. "Good Morning, Daddy," Nina gleefully wished him. Without lifting his eyes from his papers, he said, "Good Morning, Nina. Would you please pass me that envelope lying on the side table?" Nina did so, and Daddy continued with his work.

Aabahayd wuxuu fadhiyay miiskiisa oo shaqo xafiis ayuu watay. Subax wanaagsan aabo ayay ku tiri. Asagoo eegin ayada ayuu ugu jawaabay subax wanaagsan. Nina fadlan ii soo qabo bushqada miiskaas saran. Way u soo qabatay. Abahaydna hooshiisii ayuu sii watay.

'He too does not remember my birthday,' she mused. She slowly walked to the kitchen where she expected Grandmother to be waiting with open arms. But to her utter dismay, Grandmother also behaved as if it was just another day. "How are you Nina? Do you remember you promised to get my glasses repaired today?" she said.

Aabo xitaa ma xasuusto maalinta dhalashadayda. Si tartiib ah ayay qolkii uga baxday. Oo qabatay xagaa iyo kushiinka ayadoo filaysa in ayeeydeed ku sugayso. Gacmo furan. Laakiin nasiib daro. Ayeeydeed ma xasuusan Nina dhalashadeeda. Inay tahay oo maalin caadi ah ayay mooday. Iska waran Nina. Ayay ku tiri. Ma xasuusataa inaad iigu balan qaaday. Inaad ii soo sameenayso galaaskayga manta.

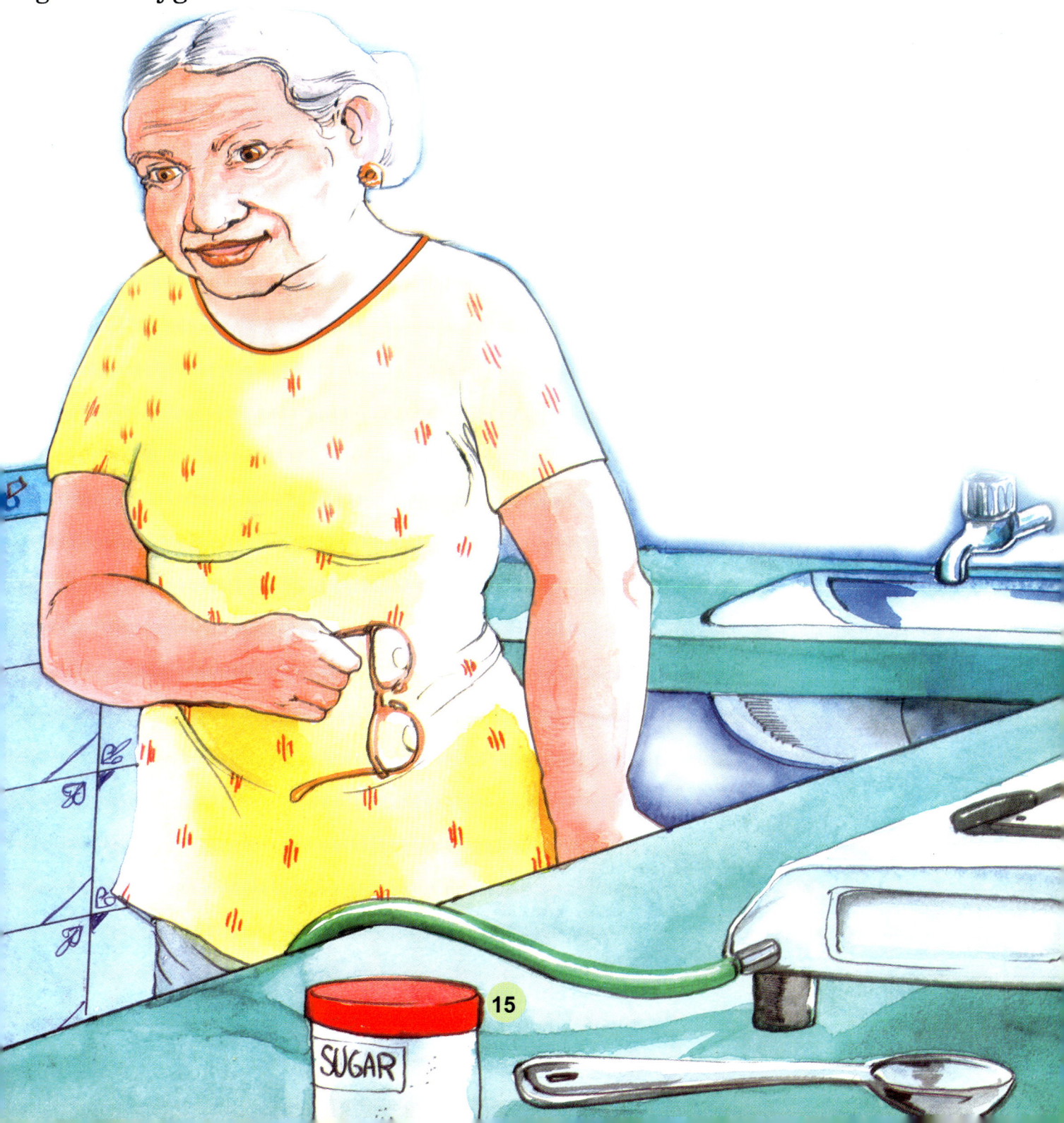

Grandfather was sitting in his chair reading the newspaper. "When you go to the market, get me the latest magazine, please," he added. But there was no further word from either of them.

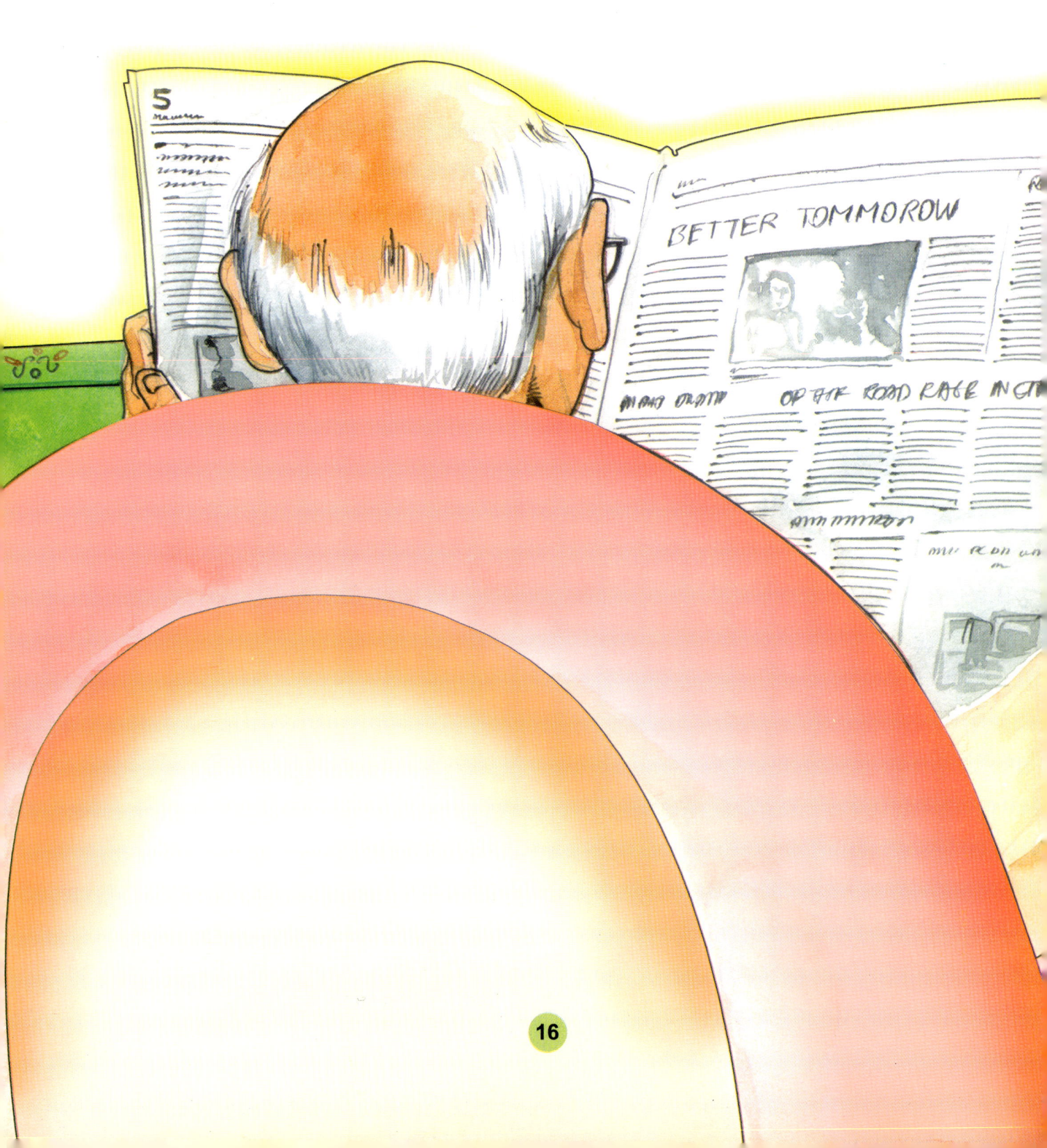

Awoowgeed wuxuu ku fadhiyay kursi oo jaraa id ayuu aqri sanayay. Marka aad suuqa tagto fadlan ii soo iibi jaraaid kii ugu dan beyay ayuu ku yiri. Laakiin cid dadlii oo dhan xasuustay. Maalinta dhalashadeeda ma jirto.

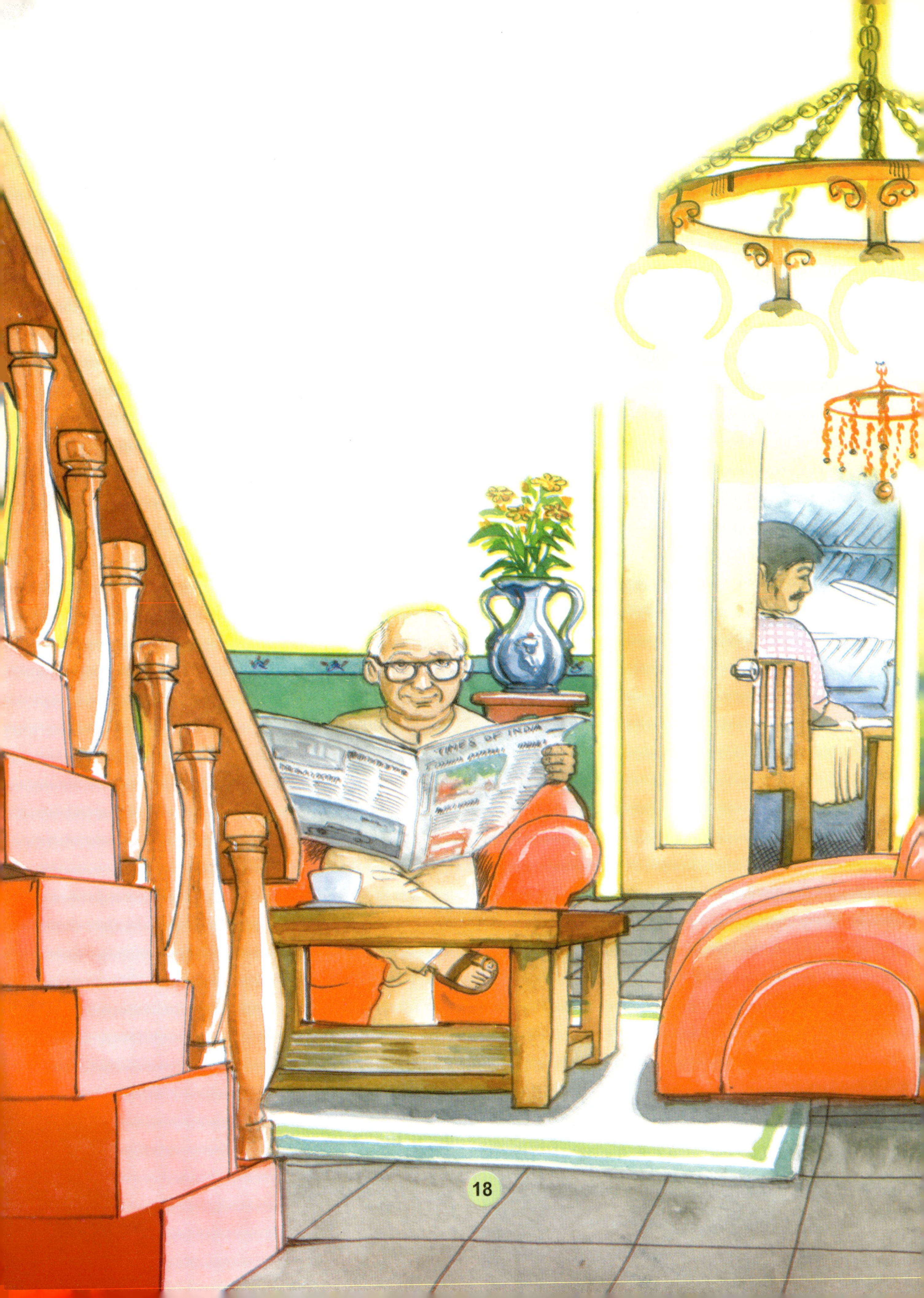
TIMES OF INDIA

By now, Nina's excitement had vanished. What was wrong with everybody? They had all forgotten her birthday. "I thought they all loved me very much. But none of them has even cared to wish me on my birthday. No hugs. No presents," she said to herself. Tears started to roll down her cheeks.

Nina faraxsanidii ayaa ka guurtay. Maxaa cid waliba ku dhacay ayay is tiri. Kuli dadkii oo dhan manta inay tahay malintii dhalashaday. Ma xasuusna waxaan mooday in ay iwada jecel yihiin. Laakiin cid ii hambal yeesay ma jito. Shaf isa saar. Hadyad midna ma jirto ayay isku tiri. Ilmo ayaa indha hayda ka soo yaacay.

Unable to control her emotions, she ran out to the garden. Buzo, her dog, was chasing the squirrels. Seeing her, he started wagging his tail. He leapt towards her, and Nina took him in his arms. "You are my only friend. Nobody else cares for me." She started sobbing.

Beer u dhawayd ayay ku carartay. Buzo aygeedii ayaa daba carara yay sayntiisa. Ayuu u luxay Nina ayaa xambaartay oo ku tiri adiga. Ayaa saaxiibkay kaliya ah cid kale oo I jacel ma jirto ayay ku tiri.

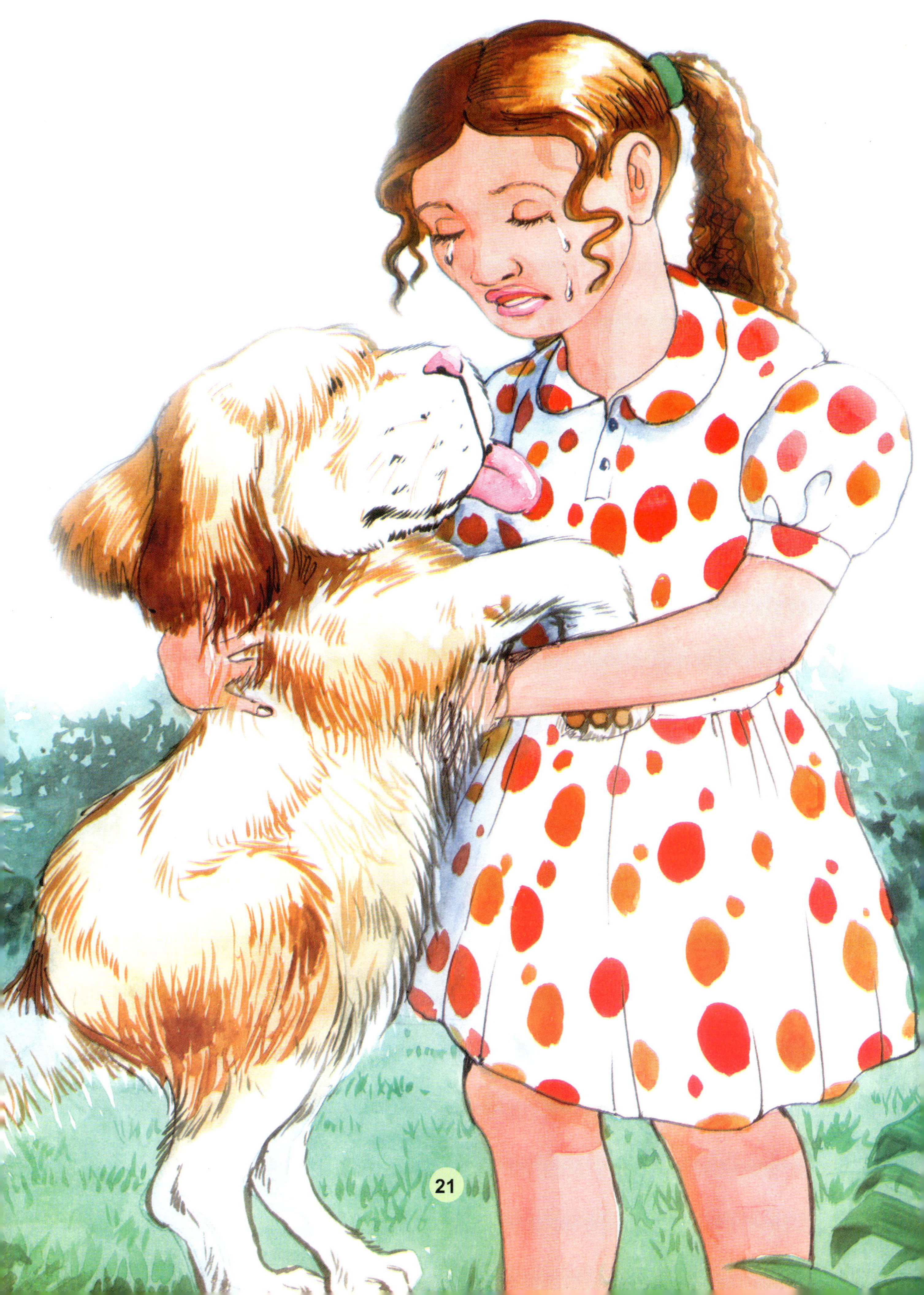

22

She sat down in the garden with Buzo by her side. She heard the birds chirping merrily. It sounded as if they were wishing her Happy Birthday. The flowers swayed in the gentle breeze, and she felt as if they were greeting her. Yet, she was sad. Her family, who mattered the most to her, did not remember her special day.

Waxay fadhiday beerta dhaxdeeda Buzona. Wuu garab fadhiyay shimbiro ciyaya. Ayay maqashay oo waxay is tiri malaha. Way ii hambalyeenayaan. Fiyoorooyinka dhulka daad sanaa. Laakiin wali way niyad jabsanayd. Oo reer keeda aad u jeclaa qofna. Ma xasuusan maalintan wayn oo nin qaaska u ah.

She spent over an hour gazing around. Then she sighed, and got up. "I'll go back to my room, and read a book," she said.

Meeshii ayay fadhiday saacad. Intay is taagtay ayay waxay is tiri guriga qaboo buugag aqriso.

As she reached her house, the main door sprang open. She heard lively music inside. As she entered the house, she saw colourful balloons and vibrant decorations in the main hall. Mummy was the first to greet her. She took her in her arms and kissed her. "Happy Birthday, my darling," she said softly.

Gurigii markay gaadhay. Waxay aragtay ilbaakii waynaa oo furan. Iyo muusik ka baxaya guriga dhaxdiisa gudihii markay. Gashayna waxay aragtay buufino faro. Badan iyo qolkii fadhiga. Oo la sharaxayhooyadeed ayaa salaantay markii. Ugu horaysay xabadka ayay galisay. Markaasay ku tiri dhalasho. Wanaagsan oo dhunkatay markiiba si qaboow.

Daddy was standing on the side, gripping a new shining bike in one hand. That was the present she was craving for. He bent down to kiss her and said, "I knew you wanted a bike for your birthday, didn't you?"

Aabahaydna wuxuu taagnaa geeska kale. Asgoo bashkuleeti gacanta ku haya. Markaasuu u foorar saday oo ku yiri waan. Ogahay inaad baashkuleeti u baahan. Tahay manta. Oo dhalashadaadii tahay soo ma 'aha.

Grandmother walked up to her. "And I have baked your favourite sponge cake for your birthday. I knew that you wanted it all along," she said, as Nina ran into her arms. A lavish spread of her favourite dishes was laid out on the table for her.

Hooyo waxay u socotay dusha xaga gabadha. Waxayna. U hagajisay dolshihii ay jacleed gabadha. Oo ahaa. Malintii dhalashadeda. Waxay ogeed inee rabto ayay. Tiri Nina oo ay. U oraday gabadha. Garabkeda. Iyaduna way jeclesatay. Waxeeda roodhidii ay jecleed ayaay. U tagtay iyadoo saaran. Miiska gabadha.

Suddenly a huge teddy bear seemed to walk out of the adjacent room. It was as big as Nina herself, and Grandfather was carrying it towards her. "And that's from me to my doll!" he said laughingly.

Ayeeydeedna intay ku soo dhaqaaqday. Ayay ku tiri doolshadaadii aad jecleedna. Waa kuu sameeyay manta oo maalintaada ah waa ogahay. Waad u baahan tahay Nina ayaa ayadoo farax san ku. Carartay oo xabadka xabadka u sartay. Dhawr nooc oo cunta miiska oo Nina ahna waa xay saarnaa yeen ayay sugayeen.

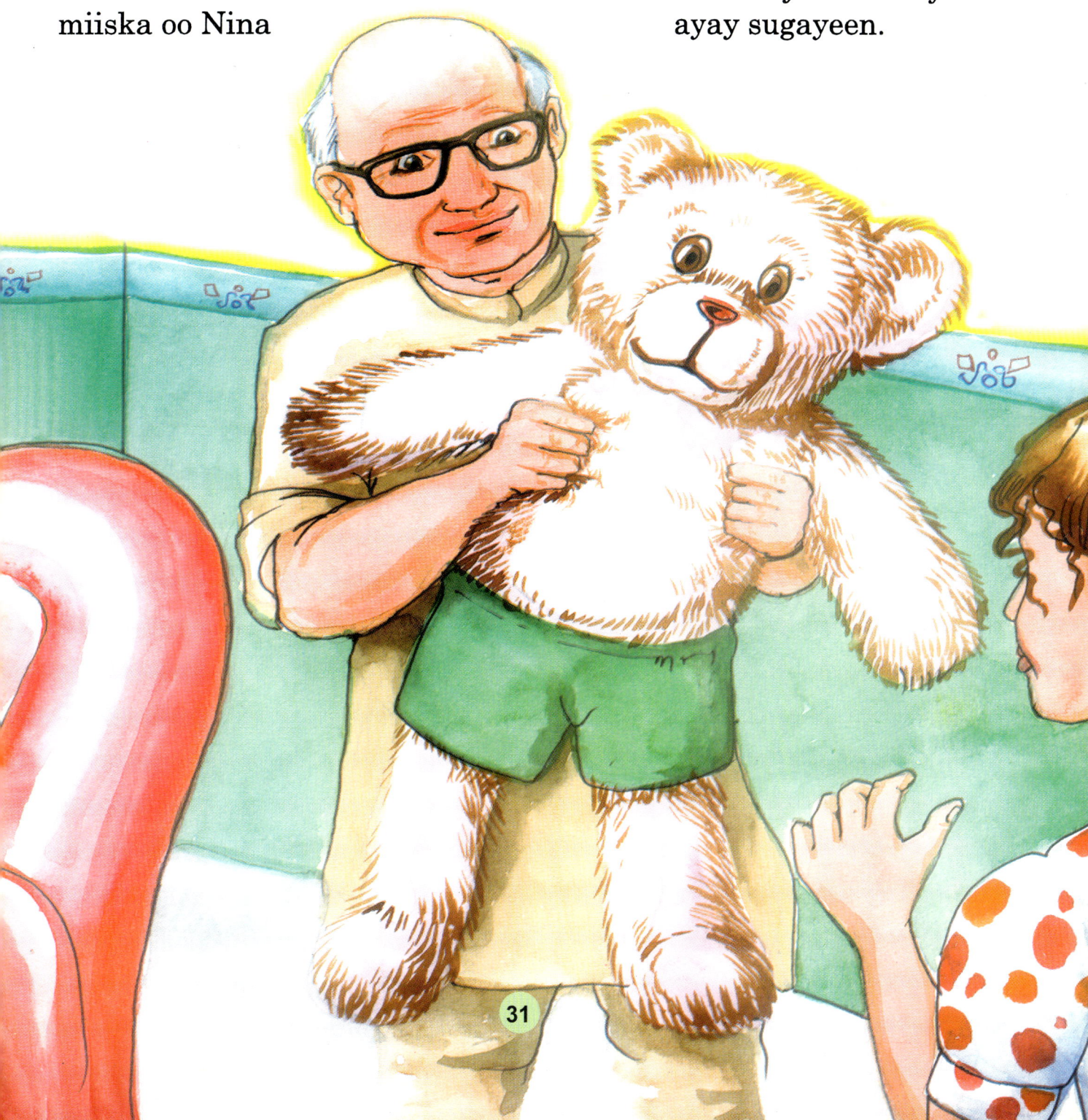

Nina could not believe her eyes. She was guilty that she had misunderstood her parents and grandparents. They loved her very much. Her family had given her a wonderful surprise on her birthday.

Nina waa ay aamini kari wayday way. Ku qadanayd in waalidkeed sidaa u fahanto. Waay jecel yiin sii aad u fara badanhadyado fiicana way. Sii yeen maalintaa dhalashadeeda ah.